Mein Deutsch, super einfach!

Norikazu Tahara

DOGAKUSHA

表紙デザイン: ありよしきなこ

まえがき

（本書を手にされた先生方へ）

　本書は、ドイツ語のごく基礎の部分を学習するための教材です。限られた授業時間である程度までの文法事項を身につけるため、本書では学習項目を大幅に削減し、学習者の負担の軽減を図っています。

　例えば、本書では主語の人称が全て単数 (ich, du, er, sie) です。主語が複数 (wir, ihr, sie, Sie) になる形は掲載していません。その都度ごとに関連文法の全体像を学ぼうと欲張るのではなく、まずはドイツ語文法の概観をざっと知ることも大切です。学習者がドイツ語を嫌いになるのではなく、ドイツ語は意外とわかる、もうちょっと知りたいと感じることができれば、さらなる学びへとつながります。本書での学習を通じ、このような継続的な学びが実現されることを願っています。

2020 年春
筆者

目　次

2

ドイツ語の Alphabet［アルファベート］

活字体	字　　名	発音	活字体	字　　名	発音
A a	[aː] アー	[a]	R r	[ɛr] エル	[r]
B b	[beː] ベー	[b]	S s	[ɛs] エス	[s]
C c	[tseː] ツェー	[ts]	T t	[teː] テー	[t]
D d	[deː] デー	[d]	U u	[uː] ウー	[u]
E e	[eː] エー	[e]	V v	[faʊ] ファオ	[f]
F f	[ɛf] エフ	[f]	W w	[veː] ヴェー	[v]
G g	[geː] ゲー	[g]	X x	[ɪks] イクス	[ks]
H h	[haː] ハー	[h]	Y y	[ˈʏpsilɔn] ユプスィロン	[ʏ]
I i	[iː] イー	[i]	Z z	[tsɛt] ツェット	[ts]
J j	[jɔt] ヨット	[j]			
K k	[kaː] カー	[k]			
L l	[ɛl] エル	[l]			
M m	[ɛm] エム	[m]	ß	[ɛs ˈtsɛt] エス・ツェット	[s]
N n	[ɛn] エン	[n]			
O o	[oː] オー	[o]	Ä ä	[aː ʊmlaʊt] アー・ウムラオト	[ɛː]
P p	[peː] ペー	[p]	Ö ö	[oː ʊmlaʊt] オー・ウムラオト	[øː]
Q q	[kuː] クー	[k]	Ü ü	[uː ʊmlaʊt] ウー・ウムラオト	[yː]

発音の原則

1. 基本的にはローマ字式に読む。

   Name [ナーメ]　Morgen [モルゲン]

2. 原則として最初の母音にアクセントがある。

   arbeiten　Mutter

3. アクセントのある母音の後ろに子音が1つだと長い音、子音が2つ以上だと短い音になる。

   sagen　Japan [長い音]　setzen　England [短い音]

🔊 〈母音の発音〉
3

a	Name 名前	Mann 男
e	Leben 生命	setzen 置く
i	Bibel 聖書	sitzen 座る
o	Brot パン	Morgen 朝
u	gut 良い	Mutter 母

🔊 〈ウムラウト〉
4

ä	Träne 涙	Hände 手 (複数)
ö	hören 聞く	Löffel スプーン
ü	müde 疲れている	dünn 薄い

🔊 〈二重母音〉
5

au	Frau 女	Traum 夢
ei	Arbeit 仕事	Ei 卵
eu	heute 今日	neu 新しい
äu	Gebäude 建物	Häuser 家 (複数)
ie	Liebe 愛	tief 深い

🔊 〈ローマ字読みと異なる子音〉

6

j	Japan 日本	ja はい
v	Vater 父	viel 多い
w	Wetter 天気	Wald 森
s＋母音	sagen 言う	Salz 塩
ss	Fluss 川	essen 食べる
ß	Gruß あいさつ	heißen ～と言う名である
語頭の **st**	Student 大学生	Stein 石
語頭の **sp**	sprechen 話す	Sport スポーツ
sch	Fisch 魚	Schule 学校
tsch	Deutsch ドイツ語	tschüs バイバイ
ch（a/au/o/u）	Nacht 夜	auch ～もまた
	kochen 料理する	Buch 本
ch（それ以外）	Milch ミルク	Chemie 化学
語末の **ig**	König 王	fleißig 勤勉な
chs / x	sechs 6	Taxi タクシー
語末の **b, d, g**	halb 半分の	Hand 手
	Berg 山	
母音の後の **h**	gehen 行く	froh 楽しい
pf	Apfel りんご	Kopf 頭
ng	lang 長い	singen 歌う
qu	Qualität 質	Quelle 泉
dt	Stadt 街	
th	Theater 劇場	
語末の **ds, tz, ts**	abends 毎晩	Katze 猫
	rechts 右に	
語末の **r**	Bruder 兄弟	Lehrer 教師

■) ■月、曜日、季節
7

Januar 1月	Februar 2月	März 3月	April 4月	Mai 5月
Juni 6月	Juli 7月	August 8月	September 9月	Oktober 10月
November 11月	Dezember 12月			

| Montag 月曜日 | Dienstag 火曜日 | Mittwoch 水曜日 | Donnerstag 木曜日 |
| Freitag 金曜日 | Samstag 土曜日 | Sonntag 日曜日 | Wochenende 週末 |

| Frühling 春 | Sommer 夏 | Herbst 秋 | Winter 冬 |

■) ■数字
8

0	null				
1	eins	11	elf	21	einundzwanzig
2	zwei	12	zwölf	22	zweiundzwanzig
3	drei	13	dreizehn	30	dreißig
4	vier	14	vierzehn	40	vierzig
5	fünf	15	fünfzehn	50	fünfzig
6	sechs	16	sechzehn	60	sechzig
7	sieben	17	siebzehn	70	siebzig
8	acht	18	achtzehn	80	achtzig
9	neun	19	neunzehn	90	neunzig
10	zehn	20	zwanzig	100	hundert

■) ■あいさつ
9

Guten Tag!	こんにちは！
Guten Morgen!	おはよう！
Guten Abend!	こんばんは！
Gute Nacht!	おやすみ！
Entschuldigung.	すみません。
Auf Wiedersehen!	さようなら！
Tschüs!	バイバイ！
Danke!	ありがとう！
Bitte!	どういたしまして！／どうぞ！

5

Ich lerne Deutsch.
私は　　学ぶ　　ドイツ語を

1. 動詞は変化する

ドイツ語のほとんどの動詞は -en で終わります。主語によって動詞のこの -en の部分が変化します。

lernen　→　ich lerne　　　du lernst　　　er lernt

Was trinkst du?　– Ich trinke Wasser.
　　何を　　飲む　君は　　　私は　飲む　　　水を

2.「何を〜」の問い方

「何を〜?」を表す疑問文は、was を文頭に置きます。was の次に動詞、主語の順になります。

Was lernst du?　　　　　　君は何を学んでいるの?

– Ich lerne Deutsch.　　　ー僕はドイツ語を学んでるんだ。

Er arbeitet nicht.
彼は　　働く　　〜ない

3. 動詞の変化の別パターン

発音上の理由により、動詞が変化する際に e が挿入されることがあります。

arbeiten　→　ich arbeite　　　du arbeit<u>e</u>st　　　er arbeit<u>e</u>t

◆新出単語◆

ich	**arbeiten**
du	**was**
er	**Deutsch**（中）
lernen	**Wasser**（中）
trinken	**nicht**

14

Peter:	Woher kommst du?	君はどこの出身なの？
Yuta:	Ich komme aus Japan. Und du?	僕は日本出身だよ。君は？
Peter:	Ich komme aus Leipzig.	僕はライプツィヒ出身なんだ。

★「どこから〜」を表す疑問文は、woher を文頭に置きます。
★aus＋地名、国名で「〜から」を表現することができます。

Übung 1

空欄に適当な語を入れてください。

1. Ich _____ Deutsch.　　　　　　私はドイツ語を学びます。

2. Du _____ Englisch.　　　　　　君は英語を学びます。

3. Er _____ Japanisch.　　　　　　彼は日本語を学びます。

4. Ich _____ Tee.　　　　　　　　私はお茶を飲みます。

5. Sie _____ Kaffee.　　　　　　　彼女はコーヒーを飲みます。

6. Was _____ du?　　　　　　　　君は何を飲むの？

7. Ich _____ _____ Japan.　　私は日本出身です。

8. Du _____ _____ Bonn.　　君はボン出身です。

9. Woher _____ sie?　　　　　　　彼女はどちらの出身ですか？

10. Sie _____ nicht.　　　　　　　彼女は働いていません。

15

sie	kommen
Japanisch（中）	aus
Englisch（中）	woher
Tee（男）	Japan（中）
Kaffee（男）	und

7

空欄に適当な語を入れてください。

1. Ich _____ Chinesisch.   私は中国語を学びます。

2. Du _____ Französisch.   君はフランス語を学びます。

3. Sie _____ _____.   彼女は日本語を学びます。

4. Ich _____ Orangensaft.   私はオレンジジュースを飲みます。

5. Du _____ Apfelsaft.   君はアップルジュースを飲みます。

6. Sie _____ _____.   彼女は紅茶を飲みます。

7. _____ _____ er?   彼は何を飲みますか？

8. Ich _____ _____ Deutschland.   私はドイツ出身です。

9. Du _____ _____ Frankreich.   君はフランス出身です。

10. _____ _____ er?   彼はどちらの出身ですか？

11. Du _____ fleißig.   君は真面目に働いています。

12. Sie _____ viel.   彼女はよく働いています。

◆新出単語◆

🔊
16

Französisch（中）	**Orangensaft**（男）
Chinesisch（中）	**Apfelsaft**（男）
Frankreich（中）	**fleißig**
Deutschland（中）	**viel**

文法まとめ

1. 動詞は変化する

lern-<u>en</u>

この部分が変化する！

ich	lerne
du	lernst
er/sie	lernt

arbeit-en

ich	arbeite
du	arbeit<u>es</u>t
er/sie	arbeit<u>e</u>t

発音上の理由で e が挿入される！

2.「何を〜?」「どこから〜?」の表し方

Was trinkt sie?　– Sie trinkt Orangensaft.

★文頭に was を置き、主語を動詞の後に置くことで、「何を〜」を尋ねる疑問文になります。

Woher kommst du?　– Ich komme aus Deutschland.

★woher を用いることで「どこから〜」という疑問文を作ることができます。
また、aus＋地名、国名で「〜から」という出身地を表現することができます。

第2課　　Ich bin Lehrer.

17

> ## Ich bin Lehrer.
> 私は　です　教師

1.「～です」の表現

動詞 sein を用いることで、「～です」を表すことができます。sein は不規則に変化します。

sein → ich bin　　du bist　　er/sie ist

18

> ## Du bist Lehrerin.　Sie ist Japanerin.
> 君は　です　　教師　　彼女は です　　日本人

2. 男性と女性の違い

職業名や国籍を表す語には、男性と女性で形が異なります。たいていは男性を表す語の末尾に -in をつけると女性を表す語になります。

Lehrer – Lehrerin　　Japaner – Japanerin　　Deutscher – Deutsche

19

> ## Er ist nett.
> 彼は　です　親切な

3. 状態の表現

sein と形容詞を用いることで、状態を表すことができます。

Ich bin müde.　　　　私は疲れています。
Du bist glücklich.　　君はラッキーだ。

20

◆新出単語◆

sein	**Deutscher**（男）
Lehrer（男）	**Deutsche**（女）
Lehrerin（女）	**müde**
Japaner（男）	**nett**
Japanerin（女）	**glücklich**

| Yuta: Wo wohnst du, Lena? | レーナ、君はどこに住んでいるの？ |
| Lena: Jetzt wohne ich in Berlin. | 今はベルリンに住んでいるよ。 |

★主語以外の語を文頭に置くことができます。その際、主語はたいてい動詞の後に置かれます。

★「どこ？」を尋ねる場合は、wo を用います。

Übung 1

空欄に適当な語を入れてください。

1. Ich ＿＿＿＿＿＿ Student.   私は大学生（男性）です。

2. Du ＿＿＿＿＿＿ Angestellter.   君は会社員（男性）です。

3. Er ＿＿＿＿＿＿ Franzose.   彼はフランス人です。

4. Ich ＿＿＿＿＿＿ Studentin.   私は大学生（女性）です。

5. Du ＿＿＿＿＿＿ Angestellte.   君は会社員（女性）です。

6. Sie ＿＿＿＿＿＿ Französin.   彼女はフランス人です。

7. Wo ＿＿＿＿＿＿ du?   君はどこに住んでいるの？

8. Wo ＿＿＿＿＿＿ er?   彼はどこに住んでいるの？

9. Ich ＿＿＿＿＿＿ ＿＿＿＿＿＿ Leipzig.   私はライプツィヒに住んでいます。

10. Er ＿＿＿＿＿＿ ＿＿＿＿＿＿ Bonn.   彼はボンに住んでいます。

◆新出単語◆

Student（男）............................	**Französin**（女）............................
Studentin（女）............................	**wo** ....
Angestellter（男）............................	**wohnen** ....
Angestellte（女）............................	**jetzt** ....
Franzose（男）............................	**in** ....

Übung 2

空欄に適当な語を入れてください。

1. Ich ＿＿＿＿＿＿ Verkäuferin.　　　　私は販売員（女性）です。

2. Du ＿＿＿＿＿＿ Ärztin.　　　　　　　君は医者（女性）です。

3. Er ＿＿＿＿＿＿ Arzt.　　　　　　　　彼は医者です。

4. Ich ＿＿＿＿＿＿ Verkäufer.　　　　　私は販売員（男性）です。

5. Du ＿＿＿＿＿＿ Beamtin.　　　　　　君は公務員（女性）です。

6. Er ＿＿＿＿＿＿ Beamter.　　　　　　彼は公務員です。

7. Sie ＿＿＿＿＿＿ ＿＿＿＿＿＿.　　　彼女は会社員です。

8. Ich ＿＿＿＿＿＿ ＿＿＿＿＿＿.　　　私はフランス人（女性）です。

9. Du ＿＿＿＿＿＿ ledig.　　　　　　　君は独身です。

10. Er ＿＿＿＿＿＿ geschieden.　　　　彼は離婚しています。

11. Sie ＿＿＿＿＿＿ verheiratet.　　　彼女は結婚しています。

12. Ich ＿＿＿＿＿＿ reich.　　　　　　私はお金持ちです。

◆新出単語◆

23

Arzt（男）	Verkäuferin（女）
Ärztin（女）	ledig
Beamter（男）	verheiratet
Beamtin（女）	geschieden
Verkäufer（男）	reich

文法まとめ

1.「～です」の表現

sein		
不規則に変化する！	ich	bin
	du	bist
	er/sie	ist

2. 男性と女性の違い

Lehrer – Lehrerin	Student – Studentin
Verkäufer – Verkäuferin	Franzose – Französin
Arzt – Ärztin	Deutscher – Deutsche
Angestellter – Angestellte	Beamter – Beamtin

★国籍（～人）を表す語や職業名は男女で形が異なる。たいていは -in をつければ女性を表す語になるが、男性 -er、女性 -e の場合もある。また、母音がウムラウトになることもある。

3.「どこ」の表し方

Wo wohnst du?　– Ich wohne in Kyoto.

★wo を用いることで「どこ?」という疑問文を作ることができます。住んでいる場所は in＋地名で表すことができます。

24

Ein Apfel kostet 1 Euro und eine Zitrone kostet 50 Cent.
りんごは（値段が）〜です　1ユーロ　そして　レモンは（値段が）〜です　50 セント

1. 冠詞は形が変わる

「ある〜」「1つの〜」を表す冠詞 ein は後ろに置かれる名詞の性によって形が変わります。性には男性、女性、中性があります。

ein　→　ein Apfel（男性）　　eine Zitrone（女性）　　ein Ei（中性）

25

Einen Apfel und eine Zitrone, bitte.
りんごを　　〜と　　レモンを　お願いします

2.「〜を」の表現

男性名詞で「〜を」を表す場合、冠詞 ein の形が変わります。

ein「〜を」→　einen Apfel（男性）　　eine Zitrone（女性）　　ein Ei（中性）

26

Das macht 2,50 Euro.
（総額で）〜です　2.5 ユーロ

3. das の使い方

das は目の前の人や物を指す時に用いられます。

Das ist Lena.　　　　こちらはレーナです。
Was ist das?　　　　これは何？

27

━━━━━━━━◆新出単語◆━━━━━━━━

ein	....	kosten	....
Apfel	....	Cent	....
Ei	....	Euro	....
Zitrone	....	machen	....
bitte	....	das	....

28

| Yuta: Wie viel kostet ein Stück Kuchen? | ケーキは 1 つおいくらですか？ |
| Verkäuferin: Ein Stück kostet 2 Euro. | 1 つ 2 ユーロです。 |

★値段を聞く際は wie viel kostet ～? で表します。また、ein Stück で「(全体に対して)
～の 1 つ」を表し、ein Stück Kuchen (ケーキ 1 つ (1 切れ)) という言い方もできます。

Übung 1

空欄に適当な語を入れてください。

1. Wie viel kostet _____ Gurke?　　キュウリは 1 本おいくらですか？

2. Wie viel kostet _____ Kohl?　　キャベツは 1 つおいくらですか？

3. Wie viel kostet _____ Brötchen?　　パンは 1 つおいくらですか？

4. Wie viel kostet _____ Dose Bier?　　ビールは 1 缶おいくらですか？

5. Wie viel kostet _____ Flasche Wein?　　ワインは 1 本おいくらですか？

6. Wie viel kostet _____ Stück Käse?　　チーズは 1 つおいくらですか？

7. _____ Zwiebel, bitte.　　玉ねぎを 1 つお願いします。

8. _____ Kartoffel, bitte.　　じゃがいもを 1 つお願いします

9. _____ Brötchen, bitte.　　パンを 1 つお願いします。

10. _____ Stück Kuchen, bitte.　　ケーキを 1 つお願いします。

─────────── ◆新出単語◆ ───────────

29

wie	Brötchen
wie viel	Flasche
Stück	Dose
Kohl	Bier
Gurke	Wein
Kartoffel	Kuchen
Zwiebel	Käse

Übung 2

空欄に適当な語を入れてください。

1. Wie viel kostet _____ Birne?　　　洋ナシは１本おいくらですか？

2. Wie viel kostet _____ Wassermelone?　　　スイカは１つおいくらですか？

3. Wie viel kostet _____ Salat?　　　レタスは１つおいくらですか？

4. Wie viel kostet _____ _____?　　　キュウリは１つおいくらですか？

5. Wie viel kostet _____ Tasse Kaffee?　　　コーヒーは１杯おいくらですか？

6. Wie viel kostet _____ _____ _____?

　　　チーズは１つおいくらですか？

7. _____ Aubergine, bitte.　　　ナスを１つお願いします。

8. _____ _____, bitte.　　　りんごを１つお願いします。

9. _____ _____, bitte.　　　スイカを１つお願いします。

10. _____ Stück Käse, bitte.　　　チーズを１つお願いします。

11. _____ Flasche Mineralwasser, bitte.　　　ミネラルウォーターを１本お願いします。

12. _____ Tasse Kaffee, bitte.　　　コーヒーを１杯お願いします。

◆新出単語◆

🔊
30

Birne	**Wassermelone** ....
Tasse	**Aubergine** ....
Salat	**Mineralwasser** ....

文法まとめ

1. 冠詞は形が変わる

- 男性名詞

Apfel, Kohl, Käse, Salat

- 女性名詞

Gurke, Kartoffel, Zwiebel, Birne, Wassermelone, Aubergine

- 中性名詞

Brötchen, Stück

「〜は・が」	ein Apfel	eine Gurke	ein Brötchen
「〜を」	einen Apfel	eine Gurke	ein Brötchen

★冠詞 ein は、名詞の性（男性、女性、中性）や文中での役割（〜は・が／〜を）によって形が変化する。

2. 「どのくらい」の表し方

Wie viel kostet ein Kohl? – Ein Kohl kostet 1,20 Euro.

★ wie viel を用いることで「どのくらい？」という疑問文を作ることができます。

31

Ich habe ein Auto und sie hat einen Laptop.

私は 持っている　　車を　　そして 彼女は 持っている　ノートパソコンを

1. haben は不規則に変化する

「持っている」を表す haben は他の動詞と異なる変化をします。

haben → ich habe　　du hast　　er/sie hat

32

Das Auto ist teuer und der Laptop ist neu.

その車は　〜だ　高価な　そして　そのノートパソコンは 〜だ 新しい

2.「その〜」を表す冠詞は変化する

会話の展開や状況で特定される物や人の前には冠詞 der, die, das が置かれます。

der Laptop（男性）　　die Tasche（女性）　　das Auto（中性）

Die Tasche ist schön.　　そのカバンは素晴らしい。

33

Ich habe den Laptop.

私は 持っている　そのノートパソコンを

3.「〜を」の表現　冠詞 der, die, das

男性名詞に付く冠詞 der で「〜を」を表す場合、den になります。

Ich habe den Laptop.　　私はそのノートパソコンを持っています。

Du hast die Tasche.　　君はそのカバンを持っています。

Sie hat das Auto.　　彼女はその車を持っています。

◆新出単語◆

34

der	Tasche
die	neu
haben	schön
Laptop	teuer
Auto	

18

35

| Yuta: Hast du Durst? | 喉渇いてる？ |
| Lena: Ja, ich habe Durst. | うん、喉渇いてる。 |

★文頭に動詞を置くと「はい／いいえ」で答えられる疑問文になります。

Übung 1

空欄に適当な語を入れてください。

1. Ich ＿＿＿＿＿＿ Hunger.　　　　　　私はお腹が空いています。

2. Er ＿＿＿＿＿＿ Fieber.　　　　　　　彼は熱があります。

3. Sie ＿＿＿＿＿＿ Kopfschmerzen.　　　彼女は頭痛がする。

4. ＿＿＿＿＿＿ du Zeit?　　　　　　　　時間ある？

5. ＿＿＿＿＿＿ Fahrrad ist neu.　　　　　その自転車は新しい。

6. Ich ＿＿＿＿＿＿ ＿＿＿＿＿＿ Smartphone.　私はそのスマートフォンを持っている。

7. ＿＿＿＿＿＿ Regenschirm ist schön.　　その傘はきれいだ

8. Ich ＿＿＿＿＿＿ ＿＿＿＿＿＿ Regenschirm.　私はその傘を持っています。

9. ＿＿＿＿＿＿ Brille ist teuer.　　　　　そのメガネは高価だ。

10. Ich ＿＿＿＿＿＿ ＿＿＿＿＿＿ Brille.　　私はそのメガネを持っています。

36

◆━━━━━━━━━━◆新出単語◆━━━━━━━━━━◆

Fieber	**ja** ....
Kopfschmerzen	**Fahrrad** ....
Hunger	**Smartphone** ....
Durst	**Regenschirm** ....
Zeit	**Brille** ....

Übung 2

空欄に適当な語を入れてください。

1. Ich ＿＿＿＿＿＿ ＿＿＿＿＿＿ Kugelschreiber.　　私はボールペンを（1本）持っている。

2. ＿＿＿＿＿＿ ＿＿＿＿＿＿ ist leicht.　　そのボールペンは軽い。

3. ＿＿＿＿＿＿ du Geld?　　お金持ってる？

4. Er ＿＿＿＿＿＿ ＿＿＿＿＿＿.　　彼は頭が痛い。

5. Ich ＿＿＿＿＿＿ ＿＿＿＿＿＿.　　私は熱がある。

6. Du ＿＿＿＿＿＿ ＿＿＿＿＿＿ Wörterbuch.　　君は辞書を（1冊）持っている。

7. ＿＿＿＿＿＿ ＿＿＿＿＿＿ ist schwer.　　その辞書は重い。

8. Er ＿＿＿＿＿＿ ＿＿＿＿＿＿ Handtuch.　　彼はタオルを（1枚）持っている。

9. ＿＿＿＿＿＿ ＿＿＿＿＿＿ ist ＿＿＿＿＿＿ .　　そのタオルは美しい。

10. Sie ＿＿＿＿＿＿ ＿＿＿＿＿＿ Sonnenbrille.　　彼女はサングラスを（1本）持っている。

11. ＿＿＿＿＿＿ ＿＿＿＿＿＿ ist ＿＿＿＿＿＿ .　　そのサングラスは高価だ。

12. ＿＿＿＿＿＿ du ＿＿＿＿＿＿?　　お腹空いてる？

♦新出単語♦

Geld	**Sonnenbrille**
Wörterbuch	**schwer**
Kugelschreiber	**leicht**
Handtuch	

37

文法まとめ

1. **haben は不規則に変化する**

haben		ich	habe
特殊な変化をする！		du	hast
		er/sie	hat

2. **「その〜」を表す冠詞は変化する**

「〜は・が」	der Regenschirm	die Brille	das Fahrrad
「〜を」	den Regenschirm	die Brille	das Fahrrad

★「その〜」を表す冠詞 der, die, das は、名詞の性（男性、女性、中性）や文中での
役割（〜は・が／〜を）によって形が変化する。

3. **疑問文の作り方**

Hast du Kopfschmerzen? – Ja, ich habe Kopfschmerzen.

★動詞＋主語の形にすると、はい／いいえで答えることのできる疑問文になります。

第 5 課　Ich schenke einer Freundin eine Blume.

🔊 38

Ich schenke einer Freundin eine Blume.
私は　　　贈る　　　ある友人（女性）に　　　１輪の花を

1.「〜に」の表現　冠詞 ein

冠詞 ein は「〜に」を表す場合に形が変わります。

ein → einem Freund（男性）　　einer Freundin（女性）　　einem Mädchen（中性）

Ich schenke einem Freund ein Buch.　私はある友人（男性）に本を贈る。

🔊 39

Ich gehe zu einem Freund.
私は　行く　　〜へ　　ある友人（男性）

2.「〜へ」を表す zu

「〜へ」を表す zu の後に置かれる語は「〜に」の形になります。

Ich gehe zu einer Freundin.　　私はある友人（女性）のところへ行きます。
Ich gehe zu einem Mädchen.　　私はある少女のところへ行きます。

🔊 40

Ich studiere an der Universität Jura.
私は　専攻している　　　大学で　　　　法学を

3.「〜に」の表現　冠詞 der, die, das

冠詞 der, die, das も「〜に」を表す場合、形が変わります。また、「大学で」を示す場合
は an を用います。

der/das → dem　　die → der

◆新出単語◆

🔊 41

studieren	Mädchen
schenken	Buch
gehen	Blume
Universität	Jura
Freund	an
Freundin	zu

22

Yuta: Wohin gehst du?	どこへ行くの？
Lena: Ich gehe zur Post. Und du?	郵便局へ。君は？
Yuta: Ich gehe zum Supermarkt.	僕はスーパーへ行くんだ。

★ zu＋dem で zum に、zu＋der で zur になります。
★「どこへ？」を尋ねる場合は、wohin を用います。

Übung 1

空欄に適当な語を入れてください。

1. Ich gehe ＿＿＿＿＿＿ Bahnhof.　　　　私は駅へ行きます。

2. Du gehst ＿＿＿＿＿＿ Schule.　　　　君は学校に通っています。

3. Er geht ＿＿＿＿＿＿ Kirche.　　　　彼は教会へ行きます。

4. ＿＿＿＿＿＿ geht sie?　　　　彼女はどこへ行くの？

5. Ich danke ＿＿＿＿＿＿ Mann.　　　　私はその男性にお礼を言います。

6. Du dankst ＿＿＿＿＿＿ Frau.　　　　君はその女性にお礼を言います。

7. Er dankt ＿＿＿＿＿＿ Kind.　　　　彼はその子供にお礼を言います。

8. Ich danke ＿＿＿＿＿＿ Frau.　　　　私はある女性にお礼を言います。

9. Du dankst ＿＿＿＿＿＿ Kind.　　　　君はある子供にお礼を言います。

10. Sie dankt ＿＿＿＿＿＿ Mann.　　　　彼女はある男性にお礼を言います。

◆新出単語◆

Schule	**Frau**
Supermarkt	**Mann**
Bahnhof	**Kind**
Post	**danken**
Kirche	**wohin**

23

Übung 2

空欄に適当な語を入れてください。

1. Ich _____ _____ Vater _____ Buch. 　　私は父に本を１冊贈る。

2. Du _____ _____ Mutter _____ Karte. 　　君は母にカードを1枚贈る。

3. Er _____ _____ Frau _____ Ring. 　　彼はある女性に指輪を１つ贈る。

4. Sie _____ _____ Mann _____ Blume. 　　彼女はある男性に１輪の花を贈る。

5. Er ist _____ _____ ähnlich. 　　彼は父に似ている。

6. Sie ist _____ _____ ähnlich. 　　彼女は母に似ている。

7. Ich danke _____ Sohn. 　　私は息子にお礼を言います。

8. Er dankt _____ Tochter. 　　彼は娘にお礼を言います。

9. Ich gehe _____ Café. 　　私はカフェに行きます。

10. Du gehst _____ Buchhandlung. 　　君は本屋さんに行きます。

11. Er geht _____ Hotel. 　　彼はホテルに行きます。

12. _____ geht er? 　　彼はどこへ行くの？
    – Er geht _____ _____. 　　－彼は郵便局に行きます。

◆新出単語◆

ähnlich	**Ring**
Sohn	**Karte**
Tochter	**Hotel**
Vater	**Buchhandlung**
Mutter	**Café**

44

文法まとめ

1.「～に」の表現

1) 冠詞 ein

「～は・が」	ein	Mann	eine	Frau	ein	Kind
「～に」	einem	Mann	einer	Frau	einem	Kind

★冠詞 ein は、「～に」を表す場合に形が変化する。

2) 冠詞 der, die, das

「～は・が」	der	Mann	die	Frau	das	Kind
「～に」	dem	Mann	der	Frau	dem	Kind

★「その～」を表す冠詞 der, die, das は、「～に」を表す場合に形が変化する。

Ich studiere an der Universität Jura.

★「大学で」を表す場合は an を用い、Universität に付く冠詞 die は「～に」の形になります。

2.「～へ」を表す zu

Wohin gehst du? – Ich gehe zur Kirche.

★「どこへ?」を尋ねる場合は wohin を用います。また、zu＋dem で zum に、zu＋der で zur になります。

zu dem Bahnhof　→　zum Bahnhof
zu der Post　　　→　zur Post

第6課　　Ich liebe ihn.

🔊 45

> ## Ich liebe ihn und er liebt mich.
> 私は　愛する　彼を　そして　彼は　愛する　　私を

1.「私を」「君を」の表現

「私は」を表す ich や「君は」を意味する du は、「～を」を表す際に形が変わります。

ich　→　mich　　du　→　dich　　er　→　ihn　　sie　→　sie

★「彼女は」を表す sie は「彼女を」を表す際にも形が変わりません。

Du lobst sie und sie lobt dich.　　君は彼女を褒め、彼女は君を褒める。

🔊 46

> ## Ich gehe zu dir.
> 私は　行く　　～へ　君に

2.「私に」「君に」の表現

「私は」を表す ich や「君は」を意味する du は、「～に」を表す際に形が変わります。

ich　→　mir　　du　→　dir　　er　→　ihm　　sie　→　ihr

Ich sage zu ihr „ja."　　私は彼女に「はい」と言います。

Du bist ihm ähnlich.　　君は彼に似ています。

Er dankt mir.　　彼は私にお礼を言います。

◆新出単語◆

🔊 47

mir	ihn
mich	ihr
dir	lieben
dich	loben
ihm	sagen

48

Yuta:	Wann kommst du zu mir?	いつ僕のところに来るの？
Lena:	Heute bin ich zu Hause.	今日は自宅にいるよ。
	Und morgen gehe ich zum Arzt...	そして明日は医者に行って…

★ wann を用いると「いつ～？」を尋ねる疑問文になります。

Übung 1

空欄に適当な語を入れてください。

1. Ich gehe zu _____.　　　　　私は彼のところへ行きます。

2. _____ gehst du zu _____?　　君はいつ彼女のところへ行くんだい？

3. Ich danke _____.　　　　　私は君にお礼を言います。

4. Ich liebe _____.　　　　　僕は君が好きだ。

5. Sie liebt _____.　　　　　彼女は彼を愛している。

6. Ich schenke _____ ein Hemd.　　私は君にシャツを贈る。

7. Du schenkst _____ ein Spielzeug.　君は彼におもちゃを贈る。

8. Er schenkt _____ einen Rock.　　彼は彼女にスカートを贈る。

9. Sie schenkt _____ eine Jacke.　　彼女は彼にジャケットを贈る。

10. Er schenkt _____ einen Hut.　　彼は私に帽子を贈る。

49

◆新出単語◆

wann	**Spielzeug**
heute	**Hut**
morgen	**Hemd**
zu Hause	**Rock**
Jacke	

27

Übung 2

空欄に適当な語を入れてください。

1. Ich rufe _____.　　　　　　　　　　　私は君を呼ぶ。

2. Er _____ _____.　　　　　　　　彼は彼女を呼ぶ。

3. Sie _____ _____.　　　　　　　　彼女は君を呼ぶ。

4. Du schreibst _____ einen Brief.　　　　君は彼女に手紙を書く。

5. Sie _____ _____ einen _____.　　彼女は彼に手紙を書く。

6. Ich _____ _____ einen _____.　　私は君に手紙を書く。

7. Er _____ _____ eine E-Mail.　　彼は私に電子メールを書く。

8. Sie _____ _____ eine _____.　　彼女は君に電子メールを書く。

9. Du _____ _____ eine _____.　　君は彼女に電子メールを書く。

10. Er kauft _____ eine Hose.　　　　　　彼は私にズボンを買ってくれる。

11. _____ _____ du _____ einen _____?

　　　　　　　　　　　　　　　　　　　　　　　君はいつ彼女にスカートを買ってあげるんだい？

12. _____ _____ ich _____ eine Bluse.

　　　　　　　　　　　　　　　　　　　　　　　明日、君にブラウスを買ってあげるよ。

◆新出単語◆

🔊
50

rufen	**E-Mail**
schreiben	**Hose**
kaufen	**Bluse**
Brief	

1.「〜は」「〜に」「〜を」の表現

「〜は」	「〜に」	「〜を」
ich	mir	mich
du	dir	dich
er	ihm	ihn
sie	ihr	sie ☜ 形が変わらない！

★「私は」を表す ich などは、「〜に」「〜を」を表す場合に形が変化します。

Ich liebe sie und sie liebt mich.　　　私は彼女を愛し、彼女は私を愛している。

Du dankst ihm und er dankt dir.　　　君は彼に礼を言い、彼は君に礼を言う。

2.「いつ?」の尋ね方

Wann kommt sie zu mir?

★「いつ?」を尋ねる場合は wann を用います。また、移動の動詞 gehen や kommen とともに zu mir が用いられると、「私のところに」という意味になります。

3. 未来の表現

Wann kaufst du mir den Rock?　　　いつそのスカート買ってくれるの？

Morgen kaufe ich dir den Rock.　　　明日そのスカート買ってあげるよ。

★未来のことを表す場合でも、通常は現在形を用います。

第 7 課　　Fährst du Auto?

51

> Fährst du Auto? – Ja, ich fahre Auto.
> 運転する　君は　車を　　　はい　私は　運転する　車を

1. a → ä の動詞

fahren や schlafen のように、主語が du や er/sie の時に a が ä に変化する動詞があります。

ich fahre / schlafe　　du fährst / schläfst　　er/sie fährt / schläft

Er schläft noch.　　　　　彼はまだ眠っている。

52

> Sprichst du Japanisch? – Ja, ich spreche Japanisch.
> 話す　君は　日本語を　　　はい　私は　話す　　日本語を

2. e → i/ie の動詞

主語が du や er/sie の時に、sprechen や essen のように e が i に変化する動詞や、sehen や lesen のように e が ie に変化する動詞があります。

ich spreche / esse　　du sprichst / isst　　er / sie spricht / isst
ich sehe / lese　　　　du siehst / liest　　er / sie sieht / liest

Isst du etwas?　　　　　　何か食べるかい？
Siehst du das Café dort?　あそこにカフェが見えるかい？
Er liest jetzt einen Roman.　彼は今小説を読んでいます。

53

───◆新出単語◆───

schlafen	noch
essen	etwas
lesen	Roman
sehen	dort
sprechen	fahren

30

54

| Yuta: Isst du gern japanisch? | 和食は好きかい？ |
| Lena: Nein. Aber ich esse gern chinesisch. | いいえ、でも中華料理は好き。 |

★ gern は「好んで～」という意味です。また essen＋（国や地域を表す形容詞）で「○○料理を食べる」という意味になります。

Übung 1

空欄に適当な語を入れてください。

1. Ich ＿＿＿＿＿＿ gern japanisch.　　　　私は和食が好きです。

2. Du ＿＿＿＿＿＿ gern chinesisch.　　　　君は中華料理が好きです。

3. Sie ＿＿＿＿＿＿ gern italienisch.　　　　彼女はイタリア料理が好きです

4. Ich ＿＿＿＿＿＿ Deutsch.　　　　　　　私はドイツ語が話せます。

5. ＿＿＿＿＿＿ er Italienisch?　　　　　　彼はイタリア語が話せますか？

6. Du ＿＿＿＿＿＿ gut Chinesisch.　　　　君は中国語が上手に話せます。

7. ＿＿＿＿＿＿ du gern Motorrad?　　　　君はバイクに乗るのが好きなの？

8. Was ＿＿＿＿＿＿ du?　　　　　　　　　何を読んでいるの？

9. Ich ＿＿＿＿＿＿ das Schloss dort.　　　あそこにお城が見える。

10. ＿＿＿＿＿＿ du den Turm dort?　　　　あそこに塔が見えるかい？

55

◆新出単語◆

japanisch ＿＿＿＿＿＿＿＿＿＿＿＿＿＿＿	Motorrad ＿＿＿＿＿＿＿＿＿＿＿＿＿＿＿
chinesisch ＿＿＿＿＿＿＿＿＿＿＿＿＿＿	gern ＿＿＿＿＿＿＿＿＿＿＿＿＿＿＿＿＿
italienisch ＿＿＿＿＿＿＿＿＿＿＿＿＿＿	Turm ＿＿＿＿＿＿＿＿＿＿＿＿＿＿＿＿＿
Italienisch ＿＿＿＿＿＿＿＿＿＿＿＿＿＿	aber ＿＿＿＿＿＿＿＿＿＿＿＿＿＿＿＿＿
Schloss ＿＿＿＿＿＿＿＿＿＿＿＿＿＿＿＿	nein ＿＿＿＿＿＿＿＿＿＿＿＿＿＿＿＿＿

Übung 2

空欄に適当な語を入れてください。

1. _____ du _____ Fleisch?　　　　肉は好きかい？

2. _____ du _____ Gemüse?　　　　野菜は好きかい？

3. Er _____ _____ Fisch.　　　　彼は魚が好きです。

4. Sie _____ _____ Obst.　　　　彼女は果物が好きです。

5. Er _____ _____ .　　　　彼はバイクを運転します。

6. Sie _____ noch.　　　　彼女はまだ寝ています。

7. _____ du jetzt einen Krimi?　　　　今、推理小説を読んでいるの？

8. Jetzt _____ er einen _____ .　　　　今、彼は小説を読んでいます。

9. Du _____ sehr gut _____ .　　　　君は中国語がとても上手だ。

10. _____ sie _____ ?　　　　彼女はイタリア語を話しますか？

11. Ich _____ das Krankenhaus _____ .　　　　あそこに病院が見える。

12. _____ du die Bushaltestelle _____ ?　　　　あそこにバス停が見えるかい？

◆新出単語◆

56

Fleisch	....	Krimi	....
Gemüse	....	Krankenhaus	....
Fisch	....	Bushaltestelle	....
Obst	....	sehr	....

文法まとめ

1. a → ä, e → i/ie の動詞

ich	schlafe	fahre	spreche	esse	sehe	lese
du	schläfst	fährst	sprichst	isst	siehst	liest
er/sie	schläft	fährt	spricht	isst	sieht	liest

★主語が du や er/sie の時に語尾以外の部分も変化する動詞があります。

Ich fahre Auto und du fährst Motorrad. 私は車を、君はバイクを運転する。

Sie spricht gut Deutsch. 彼女は上手にドイツ語を話します。

Siehst du den Supermarkt dort? あそこにスーパーが見えるかい？

2.「好んで～」の表現

Sie isst gern japanisch.

★gern は「好んで～」を意味します。gern を用いると「～するのが好きだ」という意味の文を作ることができます。

Ich fahre gern Auto. 私は車を運転するのが好きです。

Isst du gern italienisch? イタリア料理は好きかい？

Ich trinke gern Tee. 私は紅茶が好きです。

57

> ## Mein Bruder liebt deine Schwester.
> 私の　　　　兄は　　愛する　君の　　　　姉を

1. 「私の」「君の」の表現

mein「私の」、dein「君の」、sein「彼の」、ihr「彼女の」は、「〜に」「〜を」を表す際に形が変わります。

「〜は」mein　　Bruder　　meine　Schwester　　mein　　Kind
「〜に」meinem Bruder　　meiner Schwester　　meinem Kind
「〜を」meinen Bruder　　meine　Schwester　　mein　　Kind

Ich danke meinem Onkel sehr.　　私は叔父にとても感謝しています。

Sie hilft ihrer Tante.　　　　　　彼女はおばさんの手伝いをします。

★ helfen「〜を手伝う」では、手伝う対象の人が「〜を」ではなく「〜に」の形になります。

58

> ## Ich habe keine Zeit.
> 私は　持っている　ない　時間を

2. 名詞を否定する表現

名詞を直接否定する場合は、否定の冠詞 kein を用います。kein も mein などと同様の変化をします。

Ich habe keinen Hunger.　　私お腹が空いていません。
Hast du kein Geld?　　　　　お金持ってないの？
Sie hat keinen Durst.　　　　彼女は喉が渇いていません。

59

◆新出単語◆

mein	helfen
dein	Bruder
sein	Schwester
ihr	Onkel
kein	Tante

34

Yuta: Hast du keine Zeit?	時間ないの？
Lena: Doch, ich habe Zeit.	時間はあるよ。
Tut mir leid, aber ich habe keine Lust.	でも申し訳ないけど気乗りしない。

★「〜ないの？」と聞かれて「〜ある」と肯定で返す場合は doch を用います。なお、「〜ない」と否定で返す場合は nein を用います。

★ Tut mir leid. で「申し訳ない」を表します。

Übung 1

空欄に適当な語を入れてください。

1. _____ Onkel ist alt.　　　　　私の伯父は年をとっています。

2. _____ Schwester heißt Emma.　　彼の妹はエマという名前です。

3. _____ Smartphone ist neu.　　　彼女のスマートフォンは新しい。

4. Ist _____ Mutter nicht jung?　　　君のお母さんは若くないのかい？
   – _____, sie ist noch jung.　　　– いや、まだ若いよ。

5. Ist _____ Vater nicht müde?　　　　君のお父さんは疲れていないのかい？
   – _____, er ist müde.　　　　　　– いや、疲れてるよ。

6. Hilfst du _____ Vater?　　　　　　お父さんの手伝いしてるかい？

7. Er lobt _____ Sohn.　　　　　　　彼は息子を褒める。

8. Ich schenke _____ Tochter ein Handy.　　私は娘に携帯電話を贈ります。

9. Er schenkt _____ Frau einen Ring.　　彼は妻に指輪を贈ります。

10. Sie schenkt _____ Mann eine Krawatte.　彼女は夫にネクタイを贈ります。

------------◆新出単語◆------------

doch	Handy
Tut mir leid.	Krawatte
Lust	alt
heißen	jung

空欄に適当な語を入れてください。

1. ＿＿＿＿＿＿＿ Großmutter ist heiter.　　　　　君のおばあさんは明るい。

2. ＿＿＿＿＿＿ Großvater ist ＿＿＿＿＿＿.　　　私の祖父は年をとっています。

3. ＿＿＿＿＿＿ Neffe ist ＿＿＿＿＿.　　　　　私の甥は若い。

4. Ist ＿＿＿＿＿＿ Chef nicht locker?　　　　　彼の上司は気さくじゃないの？

   – ＿＿＿＿＿＿, er ist locker.　　　　　　　　–いや、気さくだよ。

5. Ist ＿＿＿＿＿＿ Bruder nicht fleißig?　　　　彼女の弟は真面目じゃないの？

   – ＿＿＿＿＿＿, er ist faul.　　　　　　　　　–うん、怠け者だよ。

6. Ich liebe ＿＿＿＿＿＿ Nichte.　　　　　　　私は彼女の姪を愛している。

7. Liebst du ＿＿＿＿＿＿ Cousine?　　　　　　君は僕の従兄妹が好きなのかい？

8. Er lobt ＿＿＿＿＿＿ ＿＿＿＿＿＿.　　　　彼は私の姪を褒めます。

9. Sie lobt ＿＿＿＿＿＿ ＿＿＿＿＿＿.　　　　彼女は君の妹を褒めます。

10. Ich helfe ＿＿＿＿＿＿ ＿＿＿＿＿＿.　　　私は上司の手伝いをします。

11. Du hilfst ＿＿＿＿＿＿ ＿＿＿＿＿＿.　　　君は私の祖母の手伝いをします。

12. Er hilft ＿＿＿＿＿＿ ＿＿＿＿＿＿.　　　　彼は彼女の叔父の手伝いをします。

◆新出単語◆	
Großvater	**Neffe**
Großmutter	**Nichte**
Chef	**Cousine**
heiter	**faul**
locker	

文法まとめ

1. 「私は」「私に」「私を」の表現

「〜は」	mein	Bruder	meine	Schwester	mein	Kind
「〜に」	meinem	Bruder	meiner	Schwester	meinem	Kind
「〜を」	meinen	Bruder	meine	Schwester	mein	Kind

★ mein などは冠詞 ein と同じパターンの変化をします。

Ich danke seinem Vater.　　　私は彼のお父さんに感謝します。
Seine Mutter ist nett.　　　彼のお母さんは親切だ。

Er hilft seiner Mutter.

★ helfen は「〜を」の形ではなく「〜に」の形をとります。また、du や er/sie の
時に hilfst/hilft のように e → i と変化します。

2. 否定疑問文の返事

Hast du keinen Hunger?
– Doch, ich habe Hunger. /Nein, ich habe keinen Hunger.

★否定での疑問文を「いいえ、〜です」と肯定で返す場合は doch を、「はい、〜で
はありません」と否定で返す場合は nein を用います。

Ist er nicht faul?　　　彼は怠け者ではありませんか？
Doch, er ist faul.　　　いいえ、彼は怠け者です。
Nein, er ist nicht faul.　　　はい、彼は怠け者ではありません。

第9課　Ich kann Klavier spielen.

63

Ich kann Klavier spielen.
私は　できる　ピアノを　演奏する

1.「〜できる」の表現

「〜できる」を表す können は特殊な変化をします。また、können を用いた場合、動作を表す語は文の最後に置かれます。

können → ich kann　　du kannst　　er / sie kann

Kannst du Englisch sprechen?　　君は英語話せる？

Er kann Deutsch sprechen.　　彼はドイツ語を話せる。

64

Ich möchte ins Kino gehen.
私は　〜したい　映画館へ　行く

2.「〜したい」の表現

möchte で「〜したい」を表すことができます。また、möchte を用いた場合も動作を表す語は文の最後に置かれます。

★「〜へ」を表す際に ins (in＋das の縮約形) を用いることもあります。

Ich möchte ins Theater gehen.　　私は劇場へ行きたい。

Möchtest du Wasser trinken?　　水を飲みたいかい？

Er möchte Fußball spielen.　　彼はサッカーをしたがっている。

65

---◆新出単語◆---

können	**Theater**
möchte	**Klavier**
spielen	**Fußball**
Kino	

66

| Yuta: | Gibt es hier ein Café? | この辺りにカフェはある？ |
| Lena: | Ja, da. Kannst du es nicht sehen? | あそこ。見えないの？ |

★ es gibt 〜で「〜がある」の意味になります。また、日本語では「〜が」となる部分が、ドイツ語では「〜を」の形になります。

Übung 1

空欄に適当な語を入れてください。

1. Ich _____ Englisch sprechen.　　　私は英語を話せます。

2. Du _____ Klavier spielen.　　　君はピアノを弾けます。

3. Sie _____ gut schwimmen.　　　彼女は上手に泳げます。

4. Er _____ gut singen.　　　彼は上手に歌えます。

5. Ich _____ Kaffee trinken.　　　私はコーヒーが飲みたい。

6. _____ du etwas essen?　　　君は何か食べたいかい？

7. Er _____ Bier trinken.　　　彼はビールを飲みたがっている。

8. Sie _____ ins Kino gehen.　　　彼女は映画館へ行きたがっている。

9. _____ _____ hier ein Theater?　　　この辺に劇場はありますか？

10. Hier _____ _____ einen Tisch.　　　ここに机があります。

◆新出単語◆

67

es	....	gut	....
geben	....	hier	....
singen	....	da	....
schwimmen	....	Tisch	....

Übung 2

空欄に適当な語を入れてください。

1. Ich _____ Gitarre _____.　　　私はギターを弾けます。

2. _____ du Geige _____?　　　君はバイオリン弾けるかい？

3. Er _____ gut tanzen.　　　彼は上手に踊れる。

4. Sie _____ Italienisch _____.　　　彼女はイタリア語を話せる。

5. Ich _____ Tee _____.　　　私は紅茶を飲みたい。

6. _____ du _____ Café _____?　　　君はカフェへ行きたいかい？

7. Er _____ _____.　　　彼は泳ぎたがっている。

8. Sie _____ _____ _____.　　　彼女はバイオリンを弾きたがっている。

9. Hier _____ _____ einen Bleistift.　　　ここに 1 本の鉛筆があります。

10. Dort _____ _____ eine Bibliothek.　　　あそこに図書館がある。

11. _____ _____ hier ein Museum?　　　この辺りに博物館はありますか？

12. Dort _____ _____ einen Kindergarten.　　　あそこに幼稚園があります。

◆新出単語◆

68

Gitarre	**Bibliothek** ....
Geige	**Museum** ....
tanzen	**Kindergarten** ....
Bleistift	

文法まとめ

1.「〜できる」können の表現

Ich kann Deutsch sprechen.	私はドイツ語が話せる。
Du kannst Englisch sprechen.	君は英語が話せる。
Er kann Französisch sprechen.	彼はフランス語が話せる。
Sie kann Chinesisch sprechen.	彼女は中国語が話せる。

★動作を表す語彙は文の最後に置かれます。

2.「〜したい」möchte の表現

Ich möchte Wasser trinken.	私は水が飲みたい。
Du möchtest Tee trinken.	君は紅茶が飲みたい。
Er möchte Wein trinken.	彼はワインを飲みたがっている。
Sie möchte Kaffee trinken.	彼女はコーヒーを飲みたがっている。

★動作を表す語彙は文の最後に置かれます。

3.「〜へ」の表現 ins (in＋das)

ins Café / ins Theater / ins Kino

★ ins で「〜へ」を表す表現もあります。

4.「〜がある」es gibt

Es gibt einen Kugelschreiber.	ボールペンが1本あります。

★ es gibt で「〜がある」を表します。この例文で「〜」に当たるのは einen
Kugelschreiber ですが、これは「〜を」の形になるので注意が必要です。

第 10 課　Die schöne Frau heiratet den reichen Mann.

69

> Die schöne Frau heiratet den reichen Mann.
> その　　美しい　女性は　結婚する　その　裕福な　男性と

1. 名詞を修飾する形容詞

schön や reich のような形容詞が名詞を修飾する場合、形容詞に -e や -en が付きます。
形容詞は冠詞 der/die/das や den のようにこれらが変化したものの後に置かれます。

「～は」der schwarze Rock 　　　die rote Krawatte 　　　das weiße Hemd

「～を」den schwarzen Rock 　　die rote Krawatte 　　　das weiße Hemd

Der junge Mann lehrt Deutsch. 　　その若い男性はドイツ語を教えている。

Das neue Auto fährt schnell. 　　その新しい車はスピードが出る。

70

> Ein alter Mann sucht ein weißes Hemd.
> ある　年老いた　男性が　　探す　ある　白い　　シャツを

2. 冠詞 ein とともに用いられる形容詞

形容詞が冠詞 ein とともに用いられた場合も形容詞が変化しますが、冠詞 der/die/das
の場合とは異なる変化をします。

「～は」ein alter Mann 　　　eine junge Frau 　　　ein weißes Hemd

「～を」einen alten Mann 　　eine junge Frau 　　　ein weißes Hemd

Ich habe einen großen Hund. 　　私は大型犬を飼っています。

Ich kaufe einen roten Rock. 　　私は赤いスカートを買います。

◆新出単語◆

71

heiraten	schnell
lehren	groß
schwarz	Hund
rot	suchen
weiß	

42

72

| Yuta: | Hallo, meine schöne Freundin! | やあ、僕の素敵な恋人よ！ |
| Lena: | Wer ist deine schöne Freundin? | あなたの素敵な恋人って、誰？ |

★形容詞が mein（e）/dein（e）などとともに用いられる場合、形容詞は ein の時と同様の変化をします。

★「誰 ?」を尋ねる場合は、wer を用います。

Übung 1

空欄に適当な語を入れてください。

1. Ich habe eine _____ Katze.   私は小さな猫を飼っています。

2. Du kaufst einen _____ Kugelschreiber.   君は新しいボールペンを買います。

3. Er heiratet eine _____ Frau.   彼は美しい女性と結婚します。

4. Der _____ Drucker ist teuer.   その新しいプリンターは高価だ。

5. Das _____ Buch ist interessant.   その分厚い本は面白い。

6. Ich kaufe das _____ Wörterbuch.   私はその小さい辞書を買います。

7. Ich liebe den _____ Rock.   私はその黄色いスカートが好きだ。

8. Ich suche meinen _____ Bleistift.   私は自分の赤い鉛筆を探している。

9. Mein _____ Hund schläft.   私の老犬が眠っている。

10. _____ ist denn das?   そちらの方はどなた？

◆新出単語◆
73

hallo _____	gelb _____
wer _____	Katze _____
klein _____	Drucker _____
dick _____	denn _____
interessant _____	

Übung 2

空欄に適当な語を入れてください。

1. Ich lobe ein _____ Kind. 私は利口な子供を褒めます。

2. Kaufst du eine _____ Hose? 君は新しいズボンを買うの？

3. Er hat ein _____ _____. 彼は分厚い本を持っています。

4. Sie hat einen _____ _____. 彼女は小さな犬を飼っています。

5. Der _____ Fernseher ist schön. その大きいテレビは素晴らしい。

6. _____ _____ Tasche ist billig. その白いバッグは安い。

7. _____ _____ Handy ist praktisch. その新しい携帯電話は便利だ。

8. Ich liebe _____ _____ Mann. 私はその若い男性が好きだ。

9. _____ _____ Brille ist super. 君の白いメガネは最高だ。

10. _____ _____ Vater ist gesund. 私の老いた父は健康だ。

11. _____ _____ Krawatte ist nicht gut. 彼の緑のネクタイは良くないね。

12. _____ _____ Rock ist gut. 彼女のグレーのスカートはいいね。

◆新出単語◆

klug	**gesund**
billig	**grün**
praktisch	**grau**
super	**Fernseher**

74

44

文法まとめ

1. 名詞を修飾する形容詞

  1)　der/die/das＋形容詞

der schwarze Rock	その黒いスカート（は／が）【男性名詞】
den schwarzen Rock	その黒いスカート（を）【男性名詞】
die weiße Krawatte	その白いネクタイ（は／が、を）【女性名詞】
das rote Hemd	その赤いシャツ（は／が、を）【中性名詞】

★形容詞の後ろに -e か -en が付きます。

  2)　ein＋形容詞

ein schwarzer Rock	（ある、1つの）黒いスカート（は／が）【男性名詞】
einen schwarzen Rock	（ある、1つの）黒いスカート（を）【男性名詞】
eine weiße Krawatte	（ある、1つの）白いネクタイ（は／が、を）【女性名詞】
ein rotes Hemd	（ある、1つの）赤いシャツ（は／が、を）【中性名詞】

★形容詞の後ろの -er, -en, -e, -es が付きます。

  3)　mein＋形容詞

mein schwarzer Rock	私の黒いスカート（は／が）【男性名詞】
meinen schwarzen Rock	私の黒いスカート（を）【男性名詞】
meine weiße Krawatte	私の白いネクタイ（は／が、を）【女性名詞】
mein rotes Hemd	私の赤いシャツ（は／が、を）【中性名詞】

★形容詞は ein ＋形容詞の時と同じ変化をします。

2.「誰?」を問う疑問文

  Wer ist denn das?　　　そちらの方は誰?

★「誰?」を問う場合は wer を文頭において疑問文を作ります。

第11課　　Ich stehe um 6 Uhr auf.

75

> ## Ich stehe um 6 Uhr auf.
> 私は（起きる）　　　　6時に（起きる）

1. 2つに分離する動詞

aufstehen や ankommen などの動詞は、前つづりの auf や an が分離し、文末に置かれます。このような動詞を分離動詞と言います。

★ um ○○ Uhr で「～時に」という時刻を表します。

Er kommt bald an.　　　　　　　　　　彼は間もなく到着します。

Ich steige in die Linie 1 um.　　　　　私は1番線に乗り換えます。

Wann fährst du ab?　　　　　　　　　いつ出発するの？

76

> ## Ich möchte fernsehen.
> 私は　～したい　　テレビを観る

2. 分離動詞が分離しない場合

können や müssen、möchte などとともに用いられた場合、分離動詞は分離せずに文末に置かれます。

Ich muss um 7 Uhr aufstehen.　　　　私は7時に起きなければならない。

Du kannst hier in die Linie 1 umsteigen.　ここで1番線に乗り換えられるよ。

★ müssen「～ねばならない」は次のように変化します。

ich muss　　du musst　　er/sie muss

77

◆新出単語◆

aufstehen	abfahren
ankommen	bald
umsteigen	Linie
fernsehen	müssen
Uhr	um

78

Yuta:	Würdest du mit mir ausgehen?	僕と一緒に出かけてくれないかい？
Lena:	Nein, ich möchte nicht mit dir ausgehen.	嫌よ、あなたとは出かけたくない。
	Warum fragst du das?	どうしてそんなこと聞くの？

★ würdest du ～？で丁寧な依頼の疑問文になります。

★「なぜ?」という理由を尋ねる場合は、warum を用います。

★「～と一緒に」を表す mit の後に来る語は「～に」の形になります。

Übung 1

空欄に適当な語を入れてください。

1. Ich gehe heute _____.　　　私は今日、外出します。

2. Du stehst _____ 8 Uhr _____.　　　君は 8 時に起きます。

3. Er fährt _____ 10 Uhr _____.　　　彼は 10 時に出発します。

4. Sie sieht immer _____.　　　彼女はいつもテレビを観ている。

5. Würdest du bald _____?　　　すぐに出発してもらえる？

6. Kannst du _____ 5 Uhr _____?　　　5 時に到着できるかい？

7. Er möchte _____ dir _____.　　　彼は君と外出したがっている。

8. Sie muss hier _____.　　　彼女はここで乗り換えなければならない。

9. _____ steht er um 4 Uhr _____?　　　なぜ彼は 4 時に起きるのだろう？

10. _____ fährst du so früh _____?　　　どうしてそんなに早く出発するの？

79

◆新出単語◆

ausgehen	**so** ....
mit	**früh** ....
warum	**fragen** ....
immer	

Übung 2

空欄に適当な語を入れてください。

1. Ich _____ morgen _____ 5 Uhr _____.　私は明日5時に起きます。

2. _____ du heute Abend _____?　今晩出かけるの？

3. Er _____ vormittags _____.　彼は午前中テレビを観ています。

4. Sie _____ heute Vormittag _____.　彼女は今日の午前中に到着する。

5. Ich _____ morgen _____.　私は明日出発しなければならない。

6. _____ du in die Linie 3 _____?　3番線に乗り換えたいの？

7. Du _____ _____ ihm nicht _____.　君は彼と外出できない。

8. Sie _____ heute Nachmittag _____.　彼女は今日の午後外出できます。

9. _____ _____ ich nachmittags _____?　なぜ僕は午後テレビを観てしまうんだろう？

10. _____ _____ du nicht _____?　どうして君は外出しないの？

11. _____ _____ er bald _____?　どうして彼はすぐに出発するの？

12. _____ du hier _____?　ここで乗り換えてもらえる？

◆新出単語◆

Abend ....　Vormittag ....

vormittags ....　Nachmittag ....

nachmittags ....

80

48

文法まとめ

1. ２つに分離する動詞

aufstehen, ankommen, abfahren, umsteigen, fernsehen, ausgehen

Ich stehe um 6 Uhr auf.　　　　　　　　　私は６時に起きます。

Er kommt bald hier an.　　　　　　　　　彼はまもなくここに到着します。

★分離動詞の前つづりの部分は分離して文末に置かれます。

Ich kann um 6 Uhr aufstehen.　　　　　　私は６時に起きることができます。

Sie möchte fernsehen.　　　　　　　　　彼女はテレビを観たがっています。

★ können や müssen、möchte などとともに分離動詞が用いられた場合は、分離
　せずに文末に置かれます。

2. 丁寧な依頼の表現

Würdest du mit ihm ausgehen?　　　　　彼と外出してやってもらえない？

★ würdest du 〜？で丁寧な依頼を表すことができます。

3. 「〜と一緒に」の表し方

Vormittags sehe ich mit meiner Frau fern.　私は午前中、妻とテレビを観ている。

★ mit＋「〜に」の形で「〜と一緒に」を表します。

4. 「なぜ？」と理由を尋ねる表現

Warum kommt er immer früh an?　　　　どうして彼はいつも早く到着するの？

第12課 Gestern habe ich Deutsch gelernt.

81

Gestern habe ich Deutsch gelernt.
昨日　　　（〜した）私は　　ドイツ語を　　　学ぶ

1. 過去のことを表す表現１

haben+ 動詞の過去分詞で過去を表現します。動詞の過去分詞は文末に置かれます。なお、多くの動詞は ge-t の形ですが、ge がつかないものもあります。

lernen → gelernt　　sagen → gesagt　　studieren → studiert

Er hat es so gesagt.　　　　　　　彼はそのように言いました。

Ich habe Mathematik studiert.　私は数学を専攻しました。

82

Heute Vormittag bin ich zur Universität gegangen.
今日の　　　　午前中　　（〜した）私は　　大学へ　　　　　　　　　行く

2. 過去のことを表す表現２

sein＋過去分詞でも過去を表現できます。移動や状態変化の動詞の多くがこのタイプです。また、過去分詞が ge-en となる不規則動詞もあります。

gehen → gegangen　　fahren → gefahren　　stehen → gestanden

Gestern ist sie nach Kyoto gefahren.　　彼女は昨日京都へ行きました。

Heute bin ich um 6 Uhr aufgestanden.　私は今朝 6 時に起きました。

★分離動詞の場合は aufstehen → aufgestanden のように、ge が前つづりの後ろに入ります。

★ nach＋地名で「〜へ」の意味になります。

◆新出単語◆

83

gestern	stehen
Mathematik	nach

50

84

| Yuta: | Mit wem warst du gestern zusammen? | 昨日、誰と一緒だったの？ |
| Lena: | Ich war mit Peter zusammen. Warum? | ペーターと一緒だったけど、どうして？ |

★ mit wem で「誰と一緒に」という意味になります。

★過去を表す場合、sein は過去形 war を用います。war は ich war, du warst, er/sie war という形になります。

Übung 1

空欄に適当な語を入れてください。

1. Ich _____ nach Köln gefahren.　　私はケルンへ行きました。

2. _____ du etwas gesagt?　　何か言った？

3. Er _____ um 3 Uhr aufgestanden.　　彼は 3 時に起きました。

4. Sie _____ Chemie studiert.　　彼女は化学を専攻しました。

5. Ich _____ bald eingeschlafen.　　私はすぐに寝入ってしまいました。

6. Was _____ du gegessen?　　何を食べたの？

7. Er _____ pünktlich angekommen.　　彼は時間通りに到着した。

8. Damals _____ sie jung.　　当時彼女は若かった。

9. Ich _____ in München.　　私はミュンヘンにいました。

10. _____ du zu Hause?　　家にいたの？

◆新出単語◆

85

zusammen --- **damals** ---

Chemie --- **einschlafen** ---

pünktlich ---

Übung 2

空欄に適当な語を入れてください。

1. Gestern _____ ich Musik gehört.　　　昨日私は音楽を聴きました。

2. _____ du Englisch _____?　　　英語の勉強した？

3. Um wie viel Uhr _____ er _____?　　　彼は何時に起きたの？

4. Was _____ sie _____?　　　彼女は何を専攻したの？

5. Ich _____ nach Osaka _____.　　　私は大阪へ行きました。

6. _____ du gestern Fußball _____?　　　昨日サッカーをしたの？

7. Er _____ heute ein Buch _____.　　　彼は今日本を1冊買った。

8. Sie _____ Milch _____.　　　彼女はミルクを飲んだ。

9. Was _____ du _____?　　　何を読んだの？

10. Mit wem _____ du zu Mittag _____?　　　誰とランチを食べたの？

11. Wer _____ gestern hier?　　　昨日、誰がここにいたの？

12. _____ du krank?　　　病気だったの？

◆新出単語◆

Musik	krank
Milch	hören
Mittag	

86

52

文法まとめ

1. 過去を表す表現

1) ge-t の形

lernen → gelernt	sagen → gesagt	hören → gehört
spielen → gespielt	kaufen → gekauft	studieren → studiert

★過去分詞の多くは ge-t の形になりますが、ge がつかないものもあります。

2) ge-en の形

gehen → geganen	fahen → gefahren	stehen → gestanden
essen → gegessen	trinken → getrunken	lesen → gelesen

★ ge-en となる不規則な過去分詞もあります。

3) 分離する動詞の過去分詞

aufstehen → aufgestanden   einschlafen → eingeschlafen
ankommen → angekommen

Ich bin um 6 Uhr aufgestanden.   私は 6 時に起きました。
Er ist pünktlich hier angekommen.   彼は時間通りにここに到着しました。

★分離動詞の場合は ge が前つづりの後に入ります。

4) haben/sein＋過去分詞

Ich habe Milch getrunken.   私はミルクを飲みました。
Ich bin ins Kino gegangen.   私は映画館へ行きました。

★ haben/sein＋過去分詞で過去を表現します。移動や状態変化の動詞の場合には
　sein が、それ以外のほとんどの場合には haben が用いられます。

5) sein の過去形　war

Warst du zu Hause?   家にいたの？
ich war   du warst   er/sie war

★ sein の過去形 war を用いて過去を表すこともできます。

おもな不規則動詞の変化表

不 定 詞	直説法現在	直説法過去	接続法第2式	過 去 分 詞
beginnen 始める，始まる		**begann**	begänne (begönne)	**begonnen**
bieten 提供する		**bot**	böte	**geboten**
binden 結ぶ		**band**	bände	**gebunden**
bitten 頼む		**bat**	bäte	**gebeten**
bleiben とどまる		**blieb**	bliebe	**geblieben**
brechen 破る	*du* brichst *er* bricht	**brach**	bräche	**gebrochen**
bringen もたらす		**brachte**	brächte	**gebracht**
denken 考える		**dachte**	dächte	**gedacht**
dürfen 〜してもよい	*ich* darf *du* darfst *er* darf	**durfte**	dürfte	**gedurft** (**dürfen**)
essen 食べる	*du* isst *er* isst	**aß**	äße	**gegessen**
fahren (乗り物で) 行く	*du* fährst *er* fährt	**fuhr**	führe	**gefahren**
fallen 落ちる	*du* fällst *er* fällt	**fiel**	fiele	**gefallen**
fangen 捕まえる	*du* fängst *er* fängt	**fing**	finge	**gefangen**
finden 見つける		**fand**	fände	**gefunden**
fliegen 飛ぶ		**flog**	flöge	**geflogen**
geben 与える	*du* gibst *er* gibt	**gab**	gäbe	**gegeben**
gehen 行く		**ging**	ginge	**gegangen**
gelingen うまくいく		**gelang**	gelänge	**gelungen**
gelten 有効である	*du* giltst *er* gilt	**galt**	gölte	**gegolten**
genießen 楽しむ		**genoss**	genösse	**genossen**

不 定 詞	直説法現在	直説法過去	接続法第2式	過去分詞
geschehen 起こる	*es* geschieht	**geschah**	geschähe	**geschehen**
gewinnen 得る		**gewann**	gewänne (gewönne)	**gewonnen**
graben 掘る	*du* gräbst *er* gräbt	**grub**	grübe	**gegraben**
greifen つかむ		**griff**	griffe	**gegriffen**
haben 持っている	*du* hast *er* hat	**hatte**	hätte	**gehabt**
halten つかんでいる	*du* hältst *er* hält	**hielt**	hielte	**gehalten**
hängen かかっている		**hing**	hinge	**gehangen**
heißen ～と呼ばれる		**hieß**	hieße	**geheißen**
helfen 助ける	*du* hilfst *er* hilft	**half**	hülfe (hälfe)	**geholfen**
kennen 知る		**kannte**	kennte	**gekannt**
kommen 来る		**kam**	käme	**gekommen**
können ～できる	*ich* kann *du* kannst *er* kann	**konnte**	könnte	**gekonnt** (**können**)
laden 積む	*du* lädst *er* lädt	**lud**	lüde	**geladen**
lassen ～させる	*du* lässt *er* lässt	**ließ**	ließe	**gelassen**
laufen 走る	*du* läufst *er* läuft	**lief**	liefe	**gelaufen**
lesen 読む	*du* liest *er* liest	**las**	läse	**gelesen**
liegen 横たわっている		**lag**	läge	**gelegen**
mögen 好きである ～かもしれない	*ich* mag *du* magst *er* mag	**mochte**	möchte	**gemocht** (**mögen**)
müssen ～しなければならない	*ich* muss *du* musst *er* muss	**musste**	müsste	**gemusst** (**müssen**)
nehmen 取る	*du* nimmst *er* nimmt	**nahm**	nähme	**genommen**

不 定 詞	直説法現在	直説法過去	接続法第2式	過 去 分 詞
nennen 名を言う		**nannte**	nennte	**genannt**
raten 助言する	*du* rätst *er* rät	**riet**	riete	**geraten**
reiten 馬に乗る		**ritt**	ritte	**geritten**
rufen 呼ぶ		**rief**	riefe	**gerufen**
scheinen ～に見える，輝く		**schien**	schiene	**geschienen**
schlafen 眠っている	*du* schläfst *er* schläft	**schlief**	schliefe	**geschlafen**
schlagen 打つ	*du* schlägst *er* schlägt	**schlug**	schlüge	**geschlagen**
schließen 閉じる		**schloss**	schlösse	**geschlossen**
schneiden 切る		**schnitt**	schnitte	**geschnitten**
schreiben 書く		**schrieb**	schriebe	**geschrieben**
schreien 叫ぶ		**schrie**	schriee	**geschrie[e]n**
schweigen 黙る		**schwieg**	schwiege	**geschwiegen**
schwimmen 泳ぐ		**schwamm**	schwömme (schwämme)	**geschwommen**
sehen 見る	*du* siehst *er* sieht	**sah**	sähe	**gesehen**
sein ～である	*ich* bin *du* bist *er* ist	**war**	wäre	**gewesen**
singen 歌う		**sang**	sänge	**gesungen**
sinken 沈む		**sank**	sänke	**gesunken**
sitzen すわっている		**saß**	säße	**gesessen**
sollen ～すべきである	*ich* soll *du* sollst *er* soll	**sollte**	sollte	**gesollt** (sollen)
sprechen 話す	*du* sprichst *er* spricht	**sprach**	spräche	**gesprochen**

不 定 詞	直説法現在	直説法過去	接続法第2式	過 去 分 詞
stehen 立っている		**stand**	stünde (stände)	**gestanden**
steigen 登る		**stieg**	stiege	**gestiegen**
sterben 死ぬ	*du* stirbst *er* stirbt	**starb**	stürbe	**gestorben**
tragen 運ぶ	*du* trägst *er* trägt	**trug**	trüge	**getragen**
treffen 出会う	*du* triffst *er* trifft	**traf**	träfe	**getroffen**
treiben 追う		**trieb**	triebe	**getrieben**
treten 歩む	*du* trittst *er* tritt	**trat**	träte	**getreten**
trinken 飲む		**trank**	tränke	**getrunken**
tun する		**tat**	täte	**getan**
vergessen 忘れる	*du* vergisst *er* vergisst	**vergaß**	vergäße	**vergessen**
verlieren 失う		**verlor**	verlöre	**verloren**
verschwinden 消える		**verschwand**	verschwände	**verschwunden**
wachsen 成長する	*du* wächst *er* wächst	**wuchs**	wüchse	**gewachsen**
waschen 洗う	*du* wäschst *er* wäscht	**wusch**	wüsche	**gewaschen**
wenden 向ける		**wandte**	wendete	**gewandt**
werden 〜になる	*du* wirst *er* wird	**wurde**	würde	**geworden** **(worden)**
werfen 投げる	*du* wirfst *er* wirft	**warf**	würfe	**geworfen**
wissen 知っている	*ich* weiß *du* weißt *er* weiß	**wusste**	wüsste	**gewusst**
wollen 〜したい	*ich* will *du* willst *er* will	**wollte**	wollte	**gewollt** **(wollen)**
ziehen 引く		**zog**	zöge	**gezogen**

田原憲和
立命館大学准教授

© 超シンプル！ わたしのドイツ語
Mein Deutsch, super einfach!

2020 年 2 月 1 日　初版発行　　**定価 本体 1,800 円（税別）**

編著者　田　原　憲　和
発行者　近　藤　孝　夫
印刷所　研究社印刷株式会社

発行所　株式会社　**同 学 社**

〒112-0005　東京都文京区水道 1-10-7
電話（03）3816-7011（代表）　振替 00150-7-166920

ISBN 978-4-8102-0894-8　　　　Printed in Japan